Konstantin
im Wörterwald

Diesem Buch liegt ein E-Book-Code bei.
Der individuelle Code berechtigt zum ein-
maligen kostenfreien Download des E-Books.

© mixtvision Verlag, München 2014
www.mixtvision-verlag.de
Alle Rechte vorbehalten.
Layout: Matrix Buchkonzepte, C. Modi & M. Orlowski, Hamburg
Umschlaggestaltung: Henry's Lodge, Zürich
Druck und Bindung: Kösel GmbH & Co. KG, Altusried-Krugzell

ISBN 978-3-944572-11-6

Martin Heckmanns

Dramatiker erzählen für Kinder

Konstantin im Wörterwald

**Mit Illustrationen
von Stefanie Harjes**

»Für Milo«

Martin Heckmanns

»Für Boti, der eigentlich Moritz und
unter anderem Konstantin heißt,
für Jeppe, der ganz anders heißt, und
für Knut und alle anderen außer-
gewöhnlich mutigen Jungen.«

Stefanie Harjes

Konstantin stotterte.

Er wie-wie-wiederholte leise Laute. Er scheute sich vor großen Worten, weil er sie nicht
beherrschte. Er traute sich keine langen Sätze
zu, weil er nicht wusste, wo sie enden würden.
Während er sprach, dachte er nach über das, was
er sagen wollte, und dann stockte er.
»Ist in dem Wort Stocken ein Stock versteckt,
der mich stocken lässt, weil ich stolpern könnte?«
Er staunte manchmal, dass er reden konnte.
Und das Staunen staute seinen Redefluss.
Manchmal ging es einfach nicht weiter im
Gespräch und dann schämte er sich und ihm
wurde heiß an den Ohren.

Konstantin war klein und schmächtig und hatte
große Ohren. Sie standen ab und schienen nicht
zu ihm gehören zu wollen. Aber wenn er Vögeln,
Stimmen und Liedern lauschte, war Konstantin
seinen großen Ohren dankbar, dass sie die
Welt vernahmen auf ihre Weise. Er konnte viele

7

Stunden am offenen Fenster sitzen, um den
Sturm stürmen und den Wind winden zu hören.
Auch Streichkonzerte hörte er gern. Sie schienen
seine Ohren zu streicheln.
Noch lieber las Konstantin nur Geschichten. Es
gefiel ihm, sich lesend gehen zu lassen an der Seite
kleiner und großer Helden. Er ließ sich gerne mit-
nehmen und entführen auf ihre fremden Reisen.
Im Lesen spürte er ihren Spuren nach. Und wenn
er laut las, stotterte er nie.

8

Eines Abends lag er wieder einmal spät noch mit der Taschenlampe unter der Bettdecke und las sich eine Gruselgeschichte vor. Ein Gespenst trieb darin sein Unwesen in einem verwaisten Kindergarten. Es hatte keinen festen Körper und war doch zu sehen. Unter einem Etagenbett hielt sich ein Gespensterjäger versteckt und lauerte auf seine Gelegenheit, als plötzlich laut und überrasch...

Mitten im Satz kam Konstantins Mutter in sein Zimmer geplatzt und machte das Licht an. Sie entdeckte Konstantin in seiner Höhle aus Bettzeug. Eben noch hatte er von Gespenstern gelesen und plötzlich schien ihm grell das Licht in die Augen und schrill tönten die Ermahnungen der Mutter. Er war nicht ganz bei sich. »I-i-i-i-ich...«, stotterte Konstantin unentschlossen zu seiner Erklärung.

»Schlaf jetzt«, fiel ihm die Mutter ins Wort und knipste das Licht aus. Und ließ Konstantin zurück im Dunkel zwischen Gespenstern und Jägern und Bettzeug und Wirklichkeit.

Die sogenannte Wirklichkeit stellte sich Konstantin manchmal vor wie seinen Schulhof. Sein

Schulhof war in grellen Farben bemalt und an allen Seiten von einem Gitterzaun begrenzt. In den Pausen schlich Konstantin meistens an den Gittern entlang und schaute nach draußen, um nicht von den kräftigen Jungen in der Mitte des Hofs wahrgenommen zu werden. Er fürchtete sich vor der Mitte und vor den Ballspielen und Wettkämpfen dort, bei denen er meistens verlor. Und weil die Wirklichkeit ein Schulhof war und Konstantins Gedanken Gitter überwinden konnten und weil er selber bestimmen wollte, wohin es ging mit ihm, deshalb schrieb sich Konstantin eine eigene Geschichte.

Er öffnete das weiße Buch, das er zu seinem letzten Geburtstag geschenkt bekommen hatte, und nannte sich Konstantin darin, denn Konstantin klang in seinen Ohren groß und mutig und selbstbestimmt. Auch wenn er in Wirklichkeit anders hieß. Aber von der Wirklichkeit wollte er sich seine Geschichte nicht vorschreiben lassen.

Konstantin, schrieb Konstantin also in das weiße Buch, und las seinen Namen auf dem Papier. Konstantin schrieb *Konstantin* und hatte sich verdop-

pelt. Er las den Namen und traute sich, ein anderer zu sein. Der Name war eine Rüstung und er sah sich darin umgeben vom Weiß der Seiten wie im Schnee. Er konnte Schritte tun und Spuren hinterlassen. Diese Spuren würden bleiben und konnten von anderen gelesen werden. Wer in einem Buch lebt, der hat ein Leben mehr, dachte sich Konstantin und schrieb seinen Namen erneut in das Buch, um sicher darin zu sein.

Konstantin ging, schrieb Konstantin und er sah sich gehen auf dem Papier. Er schrieb einen Schritt und tat einen Satz. *Konstantin ging einen Schritt*, stand jetzt in seinem weißen Buch. *Und Konstantin hatte keine Angst.* Das schien ihm wichtig, um eine Geschichte zu beginnen. Konstantin war vorsichtig und umsichtig und er handelte mit Bedacht, aber Angst hatte er keine.

Und das war schon mal ein Anfang.

Das Haus, in dem er mit seiner Mutter lebte, lag am Rande einer Vorstadt. Das Haus war ein Reihenhaus, das heißt, es gab eine Reihe von Häusern, die sich sehr ähnlich sahen, gleich hoch, gleich breit, gleich gelb. Der Vater war schon vor langer Zeit ausgezogen und Konstantin war zurückgeblieben mit vielen Fragen. Aus dem Fenster seines Kinderzimmers konnte Konstantin auf den Wald am äußersten Rande der Vorstadt sehen. Mit dem Fernglas studierte er Vögel und Bäume dort und verglich sie mit den Bildern in seinem Lexikon der Tiere und Pflanzen des Waldes. Und einmal meinte er, ein Lied zu hören von dort. Es war nicht das Lied des Windes, denn es klang, als würde eine menschliche Stimme darin summen, schluchzen und jubilieren. Die Stimme war hell und rein und mädchenhaft. Konstantin fühlte sich angezogen von dem fremden Gesang. Und während er lauschte, sah er plötzlich ein Weiß aufscheinen zwischen den Bäumen und eine Gestalt darin. Er konnte kein Gesicht erkennen und den Körper nur ahnen, aber das Weiß war deutlich gegen den dunklen Wald. Es mochte ein Laken sein, ein Tuch oder ein Kleid und es tanzte im Wind. Es bewegte sich und kurz darauf sah Konstantin es verschwinden. Er nahm sein Fernglas zu Hilfe, aber er konnte die Gestalt nicht mehr finden. Und er wollte ihr nach.

Also machte sich Konstantin auf den Weg. Er packte in seinen Rucksack eine Taschenlampe, Streichhölzer und eine Packung Knäckebrot, die er im Vorratsschrank entdeckt hatte. Sorgfältig legte er sein weißes Buch und zwei Stifte in die Seitentasche und machte sich auf. Er öffnete die Haustür und machte sich auf die Suche in den Wald nach der weißen Gestalt und ihrem Lied.

Nach wenigen Schritten schon verließ er den sicheren Weg und betrat ein staubiges Feld. Es war zu groß, um es zu übersehen, und Konstantin wusste nicht, wie er seine Reise beginnen sollte. Er hüpfte heiter, eilte weiter, sprang mit Schwung, schwankte kurz, fing sich wieder und trippelte auf Zehenspitzen wie ein Tänzer. Er rannte ein Stück und stolperte fast und spürte seinen Atem. Er schaute zurück und sah seine Spuren im Staub. Das Elternhaus war klein geworden und er hatte sich schon weit von daheim entfernt. Weil er nur auf seine Schritte und deren Folge geachtet hatte, hatte er die Strecke wie im Flug zurückgelegt.

Er schrieb auf, was er getan hatte, und je genauer er jeden Schritt zu beschreiben versuchte, desto überraschter war er von seinem Weg. Das Schreiben ging ihm leicht von der Hand. Ein Wort gab das andere und es entstand ein Zusammenhang zwischen den Wörtern. Er schrieb schneller, als er gegangen war, und er machte sich größer in seiner Geschichte. Er trug leichte Stiefel nun und einen Hut aus Luft und er durchquerte das Feld wie ein Feldherr.

Der Stift schnellte über das Papier. Und wenn er stockte, störte es nicht. Niemand würde später lesen können, wann er gestottert hatte beim Schreiben. Die Lettern waren Leitern und er verstieg sich und kam auf Gedanken, die ihm im Stillstand nicht eingefallen wären. *Konstantin wurde Schriftsteller. Ein Schriftsteller stellt die Schrift. Er jagt Worte und fängt Einfälle auf,* schrieb Konstantin. Und hatte vorläufig eine Antwort bereit, wenn der Vater einmal fragen würde, was er denn werden wolle: Er wollte Jäger werden oder Schriftsteller oder beides zugleich.

Er kam an einen rauschenden Bach und
setzte sich ans Ufer, um einen Moment zu ver-
weilen. Das Gehen hatte ihn durs-
tig gemacht und er schöpfte
eine Handvoll Wasser aus
dem Strom und trank.
Der Bach wurde breiter
zum Horizont hin und
glich dort schon einem
reißenden Fluss. Kons-
tantin wusste den Un-
terschied nicht zwi-
schen Fluss und Bach.

Der Fluss fließt, der Strom strömt, aber was macht der Bach, fragte er sich, aber als er es aufschreiben wollte, hatte er den Gedanken vergessen.

Zeit fließt, sagt man, und Zeit flieht, wenn alles zu schnell geht. Gedanken können fließen oder sprudeln, wenn ihrer viele sind und sie frisch und klar wirken, dachte Konstantin, während der Fluss floss, unbeeindruckt von seinen Gedanken, und Konstantin fühlte sich belebt von dessen Anblick.

Er musste den Fluss durchqueren, um den Wald zu erreichen, aber er scheute das Wasser, weil er sich an die Trockenheit gewöhnt hatte. Und er befürchtete Stromschnellen und Untiefen und weiches Getier unter Wasser.

Eine Fliege kam geflogen. Sie setzte sich auf sein Ohr und er hörte sie lautstark brummen. Er scheuchte sie auf, aber sie kehrte zurück.

»Ich mag deine Ohren«, summte sie, »sie sind süß.«

»Ich mag es, wenn du sprichst«, sagte Konstantin, »dann brummst du nicht so laut.«

der Fluss fließt

der Strom strömt

Er wunderte sich, dass er sich gar nicht wunderte, mit einer Fliege zu sprechen, und dass er nicht
stotterte im Gespräch mit der Fremden.
»Wer bist du?«, fragte er.

»Ich bin eine Eintagsfliege. Ich habe keinen Namen. Das lohnt sich nicht für einen Tag«, antwortete die Fliege.

»Das trifft sich gut. Ich will bis heute Abend ein Mädchen finden in einem weißen Kleid. Du könntest mich begleiten. Hast du hier in der Nähe ein weißes Laken gesehen heute Morgen?« Die Fliege schüttelte den Kopf, bis ihr schwindelig wurde: »Heute Morgen war ich noch eine Larve, da habe ich gar nichts gesehen. Ich bin erst vor ein paar Minuten als Fliege auf die Welt gekommen. Ich weiß überhaupt nicht, was Weiß ist, weil ich noch nichts Weißes gesehen habe. Ich bin im Wald geschlüpft und kenne nur den Wald und dieses kleine Stückchen Ufer hier. Mein Wort für Welt ist Wald. Und der Wald kennt kein Weißes.«

Konstantin staunte, wie die Fliege an ihrem ersten Tag schon fliegen und reden konnte. Aber sie hatte auch nur wenig Zeit zu lernen.

»Und gibt es dich wirklich nur einen Tag, Eintagsfliege?«

»Ja.«

»Ist das nicht traurig?«

»Ich kenn es nicht anders.«

»Und willst du mich begleiten?«

»Ja, wenn es interessant wird.«

»Sicher«, sagte Konstantin bestimmt. »Es geht um die Suche nach einem Mädchen mit einem Lied.«

»Hört sich gut an«, antwortete die Fliege. »Aber ich schau mich erst noch ein bisschen um. Weißt du, ich will doch was erleben in meiner kurzen Zeit.«

»Das kann ich verstehen«, sagte Konstantin. »Wir sehen uns.«

»Sicher«, grüßte die Fliege zum Abschied. »Und wenn du zum Wald willst, musst du durch den Fluss schwimmen. Da kommst du nicht dran vorbei. Ich flieg schon mal vor.«

Für eine Eintagsfliege, dachte Konstantin, während er ihrem Flug hinterher sah, ist die Kleine ganz schön vorlaut und altklug. Aber Recht hatte sie.

Als er den Kopf unter Wasser steckte, um sich abzukühlen, hörte er den Strom der Wörter strömen. Er ließ sich fallen und der Fluss riss ihn mit sich und Konstantin ließ sich mitreißen und tauchte unter und horchte auf. Der Fluss flüsterte ein verschwommenes Gedicht:

Wasser Massen fassen nass
Tauchen Taufen laufen lassen
Fließen fliegen Floß und Flosse
Rausch und Rauschen
Stimmen lauschen.

»Wolltest du nicht in den Wald?« Eine Stimme erinnerte Konstantin, dass er an Land gehörte. Er schaute sich um und sah einen Aal, der zitterte unter seinem Blick. Er war stumm wie ein Fisch. Vielleicht war es auch nur eine lange Alge, die sich im Wasser aalte.

»Woher weißt du, wo ich hin will?«, fragte Konstantin und schluckte Wasser beim Fragen.

»Zum Wald musst du hier raus«, sagte die Stimme nur, »dir geht sonst die Luft aus.«

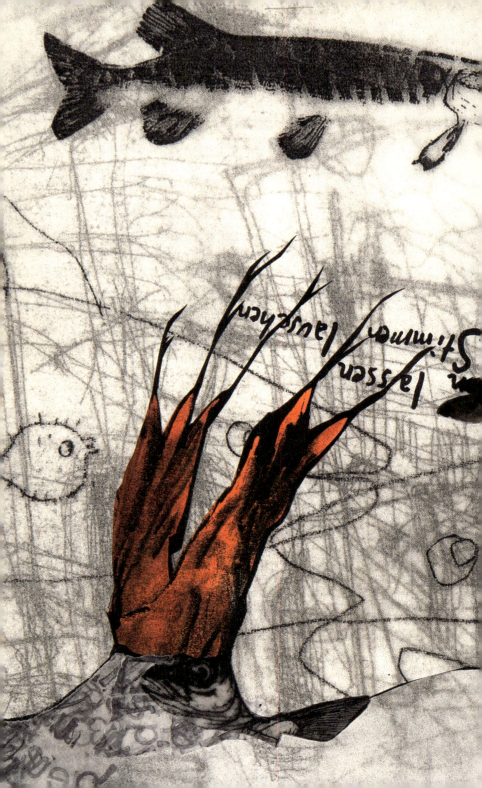

Und Konstantin schnellte hoch und tauchte auf und schnappte nach Atem. Flüstert das Wasser? Woher kam das Gedicht? Und wer wusste von seinen Absichten? Er tauchte erneut in den Fluss mit seinen Fragen im Kopf, aber die Alge war nicht mehr da. Es war wohl doch ein Aal gewesen, der mit dem Strom geschwommen war. Man taucht nicht zweimal in denselben Fluss. Ernüchtert und mit kühlem Kopf stieg Konstantin aus dem Wasser auf die andere Uferseite. Als er wieder auf sicherem Grund stand, wunderte er sich, dass seine Haut trocken geblieben war. *Das Wort Wasser macht nicht nass*, schrieb er in sein Buch, weil er die Erkenntnisse seiner Reise festhalten wollte.

Vom Ufer sah er noch einmal zurück auf den Fluss, der ihn hierher gebracht hatte, und dankte ihm. Denn er hatte das Gefühl, schon ein kleines Stück vorangekommen zu sein.

Die Sonne schien glücklich, denn sie strahlte. Und ihr Licht spiegelte sich zitternd tanzend in der Oberfläche des Wassers. Als Konstantin ins Wasser schaute, um zu sehen, ob er sich verän-

trocken

dert habe, sah er ein bewegtes Bild von sich. Und
das, fand er, war ein gutes Zeichen.

Er drehte sich um und stand vor dem Wald.
Und sah den Wald vor lauter Einzelheiten nicht.
Der Wald war zu groß, um ihn als Ganzen zu
sehen.
Geäst, Gehölz und Gestrüpp versperrten Kons-
tantin den Blick ins Innere. Ihm fehlten die Be-
griffe für die zahllosen Schlingpflanzen im Un-
terholz. Sie ähnelten Aalen, die einander fest
umschlangen. Oder Schlangen, die einander fast
umarmten. Das Dickicht war blickdicht, und
Konstantin suchte einen Zugang. Er fragte einen
Stein nach dem Weg, aber der Stein blieb stumm.
Die Jahrtausende hatten ihn sprachlos gemacht.
Er ruhte in sich und duldete die Störung. Aber
weiterhelfen konnte er Konstantin nicht.
Konstantin nahm seinen Stift und nannte ihn
Schwert und trennte die einzelnen Pflanzen fein
säuberlich mit der Schneide. Und als er sie ein-
zeln vor sich sah, erinnerte er sich ihrer Namen
aus dem Lexikon:

Er trennte die Pfeiffenwinde von der Klettertrom-
pete. Er unterschied die Schönranke von der
Waldrebe. Und einen hilflosen Tannenbaum be-
freite er vom gemeinen Baumwürger.

Konstantin sah klarer nun und bahnte sich einen
Weg in den Wald. Er ging in die Richtung, die
der Aal ihm angedeutet hatte. Nach dem Aal
und der Alge erwartete er in der Reihenfolge des
Alphabets eine Bachstelze oder einen Bären.
Aber weil er an Buchstaben dachte, achtete er
nicht auf die Landschaft. Er stieß mit seinem Fuß
gegen einen Stock und der Stock zuckte und war
kein Stock mehr. Am Boden schlängelte eine
Schlange sich und zischte giftig. Aber sie ähnelte
dem Aal und die Ähnlichkeit ließ sie vertraut er-
scheinen und nahm Konstantin die Furcht vor
der Begegnung.

»Kannst du mir helfen?«, fragte er freundlich.
»Hast du ein weißes Mädchen gesehen mit einem
Lied?«

»Sch, sch, sch«, machte die lange Schlange, »ich
bin eine Blindschleiche. Das heißt nicht, dass ich
schleiche. Aber sehen kann ich persönlich tat-

sächlich nur so lala oder ein bisschen weniger oder sagen wir kaum bis gar nichts. Ich bin eben keine Brillenschlange. Ich bin überhaupt keine Schlange. Ich gehöre zur Familie der Schleichen. Und Schleichen stammen von Eidechsen ab und haben verkümmerte Beine ...«

Die Schleiche geriet ins Reden und kam von Schlangen auf Schleichen auf Echsen und Geckos und hörte gar nicht mehr auf.

»Was ich eigentlich sagen wollte: Sehen kann ich schlecht. Aber hören kann ich umso besser. Und an deiner Frage höre ich, dass du ein kleiner Junge bist.«

»Junge ist richtig. Aber klein ist relativ«, sagte Konstantin und war stolz auf das Fremdwort, das ihm bekannt war.

»Jetzt werd mal nicht theoretisch«, entgegnete die Schleiche, die auch einige Fremdwörter kannte. »Was suchst du genau?«

»Ein Lied suche ich. Das geht so: laaa lala daaa-da ...«

Und Konstantin versuchte das Lied zu wiederholen, das ihn bewegt hatte, hierher zu kommen.

Aber er traf nicht
den richtigen Ton
und das Schluchzen dar-
in fiel ihm schwer. Das Lied
gehörte dem Mädchen.
Konstantin ahmte es
nur halbherzig
nach.
»Das kenn ich,
glaub ich, das ist
schön. Aber warum
willst du das Lied noch
einmal hören, wenn du es doch schon einmal gehört hast?«, unterbrach ihn die Schleiche.
»Das Lied klingt wie ein Versprechen. Es zieht
mich an. Es kommt von Herzen und es geht mit
der Zeit. Es scheint eine Richtung zu haben und
es bringt mich auf andere Gedanken. Und im
Lied wird nicht gestottert. Denn wenn es stot-
tert, dann ist es Musik.«
»Du gefällst mir, großer Junge. Ich will dir helfen. Folge mir jetzzzt«, zischte die Schleiche und
eilte davon. Konstantin musste sich sputen, um

un-
un- un
un-
un- un-
un-
un-

auf ihrer Spur zu bleiben. Unterwegs berichtete die Schleiche von den Vorfällen der letzten Zeit: »Das Mädchen, das du suchst, ist gefangen worden.«

»Von wem?«, fragte Konstantin, aber da schnellte sie schon wieder weiter und schnurstracks zog sie durch den wilden Wald.

Einige Windungen später setzte sie ihren Bericht fort: »Es wird gefangen gehalten in einer Höhle.« »Von wem?«, fragte Konstantin und wurde langsam ungehalten. Aber die Schleiche wand sich erneut um eine Antwort und leitete ihn wiederum um einen Baum herum. Nach einigen Kilometern hatte Konstantin genug von ihren Ausflüchten und packte die Schleiche am Schwanz. »Raus mit der Sprache, wer hält das Mädchen gefangen?«

»Ein Un-un-un...«, stotterte sie plötzlich voller Angst und zitterte in seiner Hand.

»Ein Unhold? Ein Unding? Ein Ungetüm?«, ergänzte Konstantin.

»Ja, ja, ja. Das und das und das andere auch. Ich kann's nicht sagen, es ist mir über, über mir, übergroß«, stammelte die Schleiche und riss ihre fast blinden Augen auf vor Schreck. »Ich schleich mich jetzzzt«, zischte sie erneut und entwischte Konstantins Zugriff und entzog sich dem Folgenden ins Unterholz und verschwand spurlos unter einer Decke aus Moos. Konstantins Blick folgte ihrem Zug, bis er sie aus den Augen verlor.

Er drehte sich um und stand vor einem Wesen, das er noch nie zuvor gesehen hatte. Der erste Eindruck ließ ihn verstummen. Er suchte nach Worten. Aber ihm fehlten die Begriffe, um das Wesen zu erfassen. Er nahm sein Buch zu Hilfe, als könne es ihn retten, und schrieb nichts hinein. Für sein Erstaunen ließ er eine Seite frei. Er trat einen Schritt zurück, um sich zu ordnen. Das Wesen setzte sich auf einen Baumstumpf, als sei er sein Thron. Und es ließ seinen Blick durch den Wald schweifen, als sei es dessen Besitzer. Und es machte den Eindruck, keine Angst zu kennen.

»W-w-wer bist du?« Konstantin stotterte wieder und ärgerte sich.

»Ich bin ein Untier. Ungeheuer unheimlich. Das sieht man doch.« Das Ungeheuer kannte bisher nur Menschen, denen es bei seinem Anblick vor Angst die Sprache verschlagen hatte. Es fühlte sich unbeschreiblich einzigartig. »Hast du Angst?«

Aber Konstantin hatte keine Angst. Das hatte er schriftlich. Das hatte er aufgeschrieben. Das hatte er sich eingeredet immer wieder. Er gehorchte seiner eigenen Vorschrift und trat dem Ungetüm furchtlos entgegen. »Untiere gibt es nicht. Was soll denn das sein, ein Untier?«

Das Wesen stockte. Widerspruch war es nicht gewohnt. Es baute sich vor Konstantin auf und seine Augen blitzten. »Ein Untier ist anders als alle bekannten Tiere. Es ist ungewöhnlich einzigartig. Ich bin eins. Das sieht man doch.«

Aber Konstantin ließ sich nicht beeindrucken. »Du bist eingebildet, das bist du. Das sieht man. So ungewöhnlich bist du nicht. Du bist kleiner als ein Elefant. Du bist dünner als ein Wal. Und du sprichst wie ein Mensch. Das ist mir nicht unheimlich.«

Konstantin zähmte das Ungeheuer, indem er es beschrieb. Er machte es klein mit jedem Satz, in den er das Untier zerlegte. Seine Beschreibung teilte das Ungeheuer in Eigenschaften. Und so verlor es das Ungeheure.

Es wurde kleiner unter Konstantins klarem Blick. Und Konstantin wurde größer. Sein Mut und sein Wissen ließen ihn wachsen. Er erkannte sich selbst nicht wieder.

Nach einiger Zeit trafen sich die beiden Widersacher auf Augenhöhe und das Untier staunte über den jungen Mann, der sich vor ihm aufgerichtet hatte.

»Du hast den Kopf eines Stachelschweins und den Körper eines Bären. Also nenne ich dich Stachelbär.«

Das Untier war entrüstet: »So hat mich noch niemand genannt, du Frechdachs. Mich hat überhaupt noch niemand benannt, du Schlaufuchs. Was fällt Dir eigentlich ein?«

»Mir fällt ein, dass du gar keine Zähne hast. Das sehe ich, wenn du schimpfst. Du bist ein zahnloser Stachelbär. Und jetzt rück das Mädchen raus.«

Das Untier schaute erschrocken. Konstantin hatte seinen wunden Punkt getroffen. »Aber es ist die einzige Freundin, die ich habe.«

»Freunde sperrt man nicht ein. Freunde gewinnt man. Indem man mit ihnen geht ein Stück gemeinsam. Man fängt sie nicht ein und hält sie nicht in Höhlen gefangen. Eine Freundschaft braucht Raum, um sich entwickeln zu können.« Konstantin wiederholte Sätze, die er in Büchern gelesen hatte und wunderte sich, wie klug er über Freunde reden konnte. Dabei war er selber meistens allein.

»Und du?« Der Stachelbär klang trotzig. »Wer bist du? Das ist eine Prüfungsfrage.«

Konstantin stockte. Ihm fielen zu viele Antworten ein auf diese große Frage. Er musste die pas-

sende wählen, um den Stachelbär von sich zu überzeugen.

»Ich bin dein Freund«, sagte er schließlich. »Ich lasse dich frei.«

»Aber du hast mich doch gar nicht eingesperrt.«

»Eben. Weil ich dein Freund bin. Aber nur, wenn du das Mädchen freilässt.« Konstantin konnte sehen, wie der Stachelbär nachdachte. Er suchte nach dem Fehler in Konstantins Begründung. Aber er fand keinen.

Und weil es einem Ungeheuer unangenehm ist, zu lange tatenlos zu grübeln, gab der Stachelbär endlich klein bei: »Du hast recht. Das Mädchen soll frei sein. Du kannst es befreien. Ich habe nur, äh, leider den Weg zur Höhle vergessen.«

»Das ist ein alter Trick«, spottete Konstantin, denn er hatte ihn durchschaut. Aber ihm fehlten die Mittel, um den Stachelbär zu erpressen, ihm den Weg zu verraten.

Und so ließ er ihn gehen. Nachdenklich grummelnd mit gebeugtem Kopf verschwand das ehemalige Ungetüm hinter einem Holunderbusch. Es dämmerte schon und rasch wurde es dunkler.

Konstantins Taschenlampe gab nach kurzer Zeit ihren Geist auf. Er entzündete ein Streichholz nach dem anderen, aber sie verbrannten sich in kurzer Zeit. Und ein letztes bewahrte er auf für den Notfall.

Konstantin graute vor der Dunkelheit. Und er holte sein Buch hervor, als könne es ihn aufklären, was zu tun sei. Aber er konnte seine eigene Schrift kaum noch lesen. Schreiben konnte er nur noch auf Verdacht. Seine Hand führte den Stift unsicher über das Papier. Dunkel war das Wort für Dunkel.

Und als er nichts mehr sehen konnte, schrieb er, da hörte er sie wieder. Er schloss die Augen und sah sie singen. Es war ein leises Lied, das näher kam, als er weiterging. Sein Gang folgte dem Gesang. Er fühlte sich aufgehoben in der Musik des Waldes. Es knackte rhythmisch bei jedem Schritt im Unterholz, bis er schließlich die Höhle sah, aus der das Lied zu kommen schien. Je näher er kam desto eher klang das Lied wie ein Schluchzen. Und das Schluchzen wie ein Hilferuf. Konstantin fühlte sich aufgerufen zur Ret-

tung. Er verspürte Mitleid mit der unbekannten
Sängerin. Er wollte zur Tat schreiten, aber der
Eingang zur Höhle war zu klein für ihn. Er war
zu groß geworden im Verlauf seiner Reise. Er hatte Erfahrung gewonnen und sein Wissen hatte
ihn wachsen lassen.

»Ich muss mich dumm stellen«, dachte Konstantin, »dann schrumpfe ich wieder.«

Und er machte Quatsch und Faxen. Aber das
reichte nicht aus. Er verdrehte die Augen und
streckte die Zunge heraus. Aber er blieb groß, wie
er war. Er reihte Worte aneinander, die ihm zufäl-
lig einfielen: »Wald Meister Mädchen Höhlen
Lied Schatten Gewächs Haus Maus Mensch
Matsch.« Aber alles schien einen Sinn zu ergeben
oder eine Verbindung. Dumm machte es ihn
nicht.

Also wiederholte er ein und dasselbe Wort immer wieder: »Dumm, dumm, dumm dumm
dummdummdumm.« Bis er plötzlich nicht mehr
wusste, was das Wort bedeuten wollte, und es
reiner Laut schien. Er lallte bedeutungslos und
drehte sich und verlor den Halt und als er zu tau-

dumm

dumm
dumm
dumm
mmub

mmub
mmub
mmub
dumm
mmub
mmub
dumm
dumm
mmub
dumm mmub
mmub dumm
dumm
dumm
dumm

dumm

meln begann, wurde er tatsächlich mit jeder Umdrehung kleiner und schrumpfte schließlich auf die Größe, die er zu Beginn seiner Reise gehabt hatte. Nun war er klein genug, um durch den Eingang der Höhle gelangen zu können.

Da erst bemerkte Konstantin einen Sack aus Fell. Der Sack gähnte und war ein fauler Hund. Ein zotteliger Mischling lag im Mondschein neben dem Höhleneingang und schien ihn zu bewachen.

»Uff«, machte der Höhlenhund. Aber machen Hunde nicht wuff? »Au, au«, bellte er. Aber bellen Hunde nicht wau?

»Tut dir etwas weh?«, fragte Konstantin.

»Ie?«, fragte der Hund. »Arum?« Er konnte das W nicht sprechen. »Ich bin der Achhund Infried.«

»Ach, so«, sagte Konstantin. »Und dir tut nichts weh?«

»Nee«, sagte der Hund.

Wachhund Winfried schien müde vom Wachen. Aber kräftig genug, um seiner Aufgabe nachzukommen, den Eingang zu beschützen. Er versteckte seine Krallen unter seinem weichen Fell. Und seine spitzen Zähne zeigten sich nur, wenn er gähnte. Konstantin traute der Gemütlichkeit nicht und überlegte, was zu tun sei. Er musste Zugang zu Winfried finden, damit der ihm Einlass gewähre.

Konstantin erzählte ihm seine Geschichte, wie lange er gegangen war, um hierher zu kommen, und versuchte, sein Mitleid zu wecken. Er fragte den Hund, ob er ihm etwas bringen könne, um ihn freundlich zu stimmen. Er versuchte, ihn mit Knäckebrot zu bestechen. Und schließlich bot er ihm sogar sein weißes Buch samt seiner Geschichte an, damit er eingelassen werde.

Aber Winfried machte nur »uff« und dämmerte weiter vor sich hin.

Konstantin wusste die Losung nicht. Ihm fehlte der lösende Spruch. Und er seufzte schwer: »Ach, ach.« Da lachte der Wachhund, als habe er schon unzählige Jungen an diesem Eingang verzweifeln gesehen.

Plötzlich aus finsterem
Himmel kam die Ein-
tagsfliege Namenlos ge-
flogen und setzte sich auf
Konstantins Ohr wie bei
ihrem ersten Mal. »Fliege,
Fliege«, kiekste Konstantin
hocherfreut über das Wiederse-
hen und wollte nachfragen, wie es ihr
ergangen war.

»Pssst«, summte Fliege Namenlos und flüsterte, um den Hund nicht zu wecken: »Dieser Eingang ist nur für dich bestimmt. Geh jetzt hinein, bevor er ihn schließt.«

Und Konstantin nahm all seinen Mut zusammen, erhob sich und trat seinen Weg an zum Eingang. Er spähte zu Winfried, der sich nicht rührte. Dann schritt Konstantin über die Schwelle. Und Wachhund Winfried lächelte milde, als habe er Konstantins Entschluss schon lange erwartet.

Konstantin betrat die Höhle und das Dunkel wurde dunkler noch als draußen. Er sah die eigene Hand vor Augen nicht und tastete sich an der Wand entlang ins Ungewisse. Das Lied hob leise wieder an und er ließ sich leiten vom Gesang des Mädchens, bis er hauchzart ihren Atem spürte an seinem Ohr. Und da war er plötzlich sehr froh über dessen Größe und Empfänglichkeit. Er entzündete sein letztes Streichholz und sah einen Blick aufscheinen und eine ihm unbekannte Schönheit.

Er nannte sie O.

Weil O der erste Laut war, der ihm entfallen war,
als er sie staunend das erste Mal sah. Weil O der
Form seines Mundes entsprach bei diesem Laut.
Und weil O einen Kreis bildet und weil ein Kreis
kein Ende hat und er hoffte, dass sie kein Ende
haben würde. Und weil er niemanden kannte,
der O genannt wurde und weil er niemanden
kannte, der war wie sie.

Sie bot ihm eine Kerze an und er entzündete
den Docht.

Im flackernden Licht sah er ihr Gesicht.

»Du bist reizend. Du reizt mich, dir etwas zu sagen. Nur was ich sagen soll, weiß ich noch nicht
so genau.«

Sie war ganz Ohr. Sie war ihm ähnlich, klein und
schmächtig, und ihre Ohren standen den seinen
in nichts nach. Er erkannte sich wieder in ihr.

»Lebst du hier?«, fragte Konstantin und fand seine
Frage dumm, weil er sie selbst beantworten konnte. Sie lebte hier, das sah er doch.

O nickte, aber er wusste nicht, ob sie die Frage
verstand, wie er sie gemeint hatte.

»Lange schon?«

Und sie nickte wieder, aber was hieß
lange für sie und für ihn?

»Wie lange?«, fragte er erneut und
sie zuckte mit den Schultern,

als könne sie die Frage
nicht verstehen. Vielleicht
kannte sie keine Zeit oder
hatte das Zeitmaß verloren im
Dunkeln.
»Warum sagst du nie etwas?«
Aber wie sollte sie dazu
etwas sagen, wenn sie nie
etwas sagte?

Und er ließ das Fragen und erzählte lieber von sich. Er begann, ihr seine Geschichte vorzulesen. Wie er ihr Lied gehört hatte damals noch im Kinderzimmer und wie es ihn angezogen hatte, nach ihr zu suchen, und wie er ausgezogen war, sie zu finden. Er schwärmte plötzlich. Er schwärmte von seinem Aufbruch in eine ungewohnte Welt und von den Begegnungen dort. Und von ihr schwärmte er und beschrieb sie in den schönsten Farben, obwohl sie doch vor ihm stand im Kerzenlicht. So kannte er sich gar nicht.

Und aus der Entfernung in seiner Erinnerung wurde sein Kinderzimmer zu einer Wunderkammer und seine Bücher darin zu Aussichtstürmen. Er plünderte seinen Wortschatz, um O seinen Reichtum zu zeigen. Er schmückte wortreich sein Leben aus, um sie zu verführen, mit ihm zu gehen.

Und O lächelte, weil es sie freute, wie er sich begeistern konnte in schönen Sätzen. Er hatte frei gesprochen, ohne zu stocken. Er hatte sich frei gesprochen von der Angst zu versagen. Ange-

sichts ihrer Augen hatte er die Sorge vergessen,
sich zu versprechen. Und dafür war er ihr dankbar und er sprach seinen Dank ihr aus.

Ich habe doch gar nichts getan, schien ihr Blick
zu sagen.

»Das hat mir geholfen«, sagte Konstantin, »Du
gibst mir Zeit.« Und O schwieg beruhigend. Er
neigte sich ihr zu. Er war ihr zugeneigt. Er spürte
Zuneigung und fiel vornüber. Er ließ sich fallen
auf die feuchte Erde. Und sie legte sich neben
ihn und sah ihn fragend an.

»Gehst du mit mir?«

Und sie ging mit ihm, ohne zu antworten, und
in ihrem Gang lag die Antwort. Sie folgte ihm
und stärkte seinen Rücken. Er staunte und
strahlte und schaute sich auf dem Weg wieder-
holt um zu ihr. Und wenn er sich umsah, war sie
da. Und das reichte ihm, um zu glauben, dass sie
da war, auch wenn er sie nicht im Blick hatte.
Und dass sie bleiben würde auch im Licht des
Tages.

Draußen graute der Morgen.

Der Wald bot ein verwildertes Bild. Bäume lagen geknickt auf dem Boden. Sträucher standen entlaubt und zerrissen. Einzelne Gräser suchten entwurzelt nach Halt. Wachhund Winfried war verschwunden und Konstantin erkannte die Umgebung nicht wieder. Er rieb sich die Augen. In der Dunkelheit mit O hatte er die Zeit vergessen. Über Nacht musste ein Sturm gewütet haben. Ein Unwetter hatte den Wald verrückt.

Auf einem Vorsprung am Felsen wartete ungeduldig Fliege Namenlos und schlug aufgeregt mit den Flügeln. »Wir müssen los. Der Stachelbär hat es sich anders überlegt. Er will das Mädchen für sich behalten und jetzt sucht er den Weg zur Höhle.«

Er wollte nicht tricksen, er hat wirklich den Weg zur Höhle vergessen, dachte Konstantin, aber es war keine Zeit zum Nachdenken.

Sie hörten schwere Schritte donnern und ahnten die Augen des Stachelbärs blitzen und liefen los. Die Fliege Namenlos führte sie im Zickzack durch das Wirrwarr. Der Wald war Durcheinander. Der Sturm hatte eine Schneise in den Wald geschlagen und sie folgten der Spur der Verwüstung. Über Stock und Stein und Ast und Moos eilten sie hinweg. Und Fliege Namenlos gab ihr Bestes, um O und Konstantin in Sicherheit zu bringen. Und als sie an eine Lichtung kamen, hörten sie das Donnern nicht mehr und es wurde still.

Ein Tag war vorbei und Fliege Namenlos verließ die Kraft. Sie ließ sich nieder auf einem stummen Stein.

»Was ist mit dir?«, fragte Konstantin.

»Ich kann nicht mehr«, summte Fliege Namenlos, »mein Tag geht zu Ende.«

»Nein!« Konstantin flehte sie an zu fliegen.

»Nein, nein, nein, das darf nicht sein. Du bist doch keine gewöhnliche Eintagsfliege.«

»Für dich hoffentlich nicht. Aber darin bin ich gewöhnlich, dass mir ein Tag nur bleibt zum Leben wie allen Eintagsfliegen.«

O begann zu weinen. Ihre Tränen flossen in ihr Lied ein, das schwerer wurde und klagend klang. Fliege Namenlos flog auf ihr Ohr und schien ihr

etwas zu flüstern. Daraufhin wurde das Lied wieder leichter, und O klang besänftigt.

»Ihr dürft nicht stehen bleiben, ihr sollt nicht trauern um mich. Gebt acht und lasst euch nicht von diesem Untier fassen. Es war ein schöner Tag mit euch, wir haben viel erlebt. Und ich lebe weiter in euch, wenn ihr mich erinnert.«

O und Konstantin sahen einander an und ihr Blick war wie ein Schwur.

»A-a-aber ...«, Konstantin stotterte wieder, weil die Zeit ihn drängte, »kannst du nicht doch noch vielleicht wirklich ein wenig weiter leben in echt jetzt bitte?«

Und Fliege Namenlos brummte zu seiner Beruhigung.

»Ich war eine Eintagsflie...«

Sie setzte an zu einer Abschiedsrede. Da stürzte eine Schwalbe hinab mit offenem Schnabel und schnappte Fliege Namenlos und nahm sie in sich auf. Und die Schwalbe stieg hoch hinauf in den Himmel und flog dort einen großen Kreis zum Abschied. Und einen weiteren Kreis danach. Und beide Kreise zusammen ergaben eine 8.

»Gebt 8«, hatte die Fliege O und Konstantin
ermahnt.
Und von oben herab gab sie nun acht auf die
beiden.

O und Konstantin schauten lange hoch. Der Himmel war erschreckend leer und schien unendlich blau zugleich. Konstantin schwindelte. Ihre Blicke trafen sich in der Ferne und sie staunten über ihre gemeinsame Einsicht in die nicht zu begreifende Weite. Und als die Schwalbe fast nicht mehr zu sehen war, hatte sie die Größe der Fliege angenommen. Und ihre Gestalten ähnelten einander und versöhnten Konstantin mit dem Abschied. Denn wenn die Schwalbe den Schnabel öffnet, dachte Konstantin, dann sieht die Fliege doch noch etwas vom Himmel und von der wunderbaren Welt.

O nahm ihn bei der Hand und zog ihn aus dem Nachdenken zurück auf den Weg. Aus der Entfernung hörten sie den Stachelbär jaulen. Er hatte die leere Höhle entdeckt und rief nach seinen Freunden. Aber als O zurück an die Höhle dachte, begann sie zu laufen und wollte unter Menschen und nie wieder eingesperrt sein. Und Konstantin folgte ihr in diesem Wunsch und Hand in Hand rannten sie in Richtung Waldrand.

Endlich kamen sie ans Ufer. Der Bach plätscherte vertraut und sie beugten sich hinab und sprachen dem Wasser zu. Der Bach war schmal an dieser Stelle und sie nahmen ihn im Sprung. Ausgelassen tollten sie über das weite Feld. Erst als Konstantin in der Entfernung die Siedlung sah, hielt er inne. Sein gelbes Reihenhaus stand fest und unverrückt, wie er es verlassen hatte. Insgeheim hatte er gehofft, der Sturm und seine Reise hätten die Heimat verändert. Aber O riss Konstantin mit und er ließ sich mitreißen von ihrer Neugier auf sein altes Zuhause. Und wohlbehalten kamen sie dort an.

Die Mutter öffnete die Tür, als habe sie gewartet auf Konstantin. »Wo warst du?« Es lag kein Vorwurf in ihrer Frage. »Ich habe mir Sorgen gemacht.«
Konstantin ließ sich Zeit mit der Antwort, um nicht ins Stottern zu geraten. Und die Mutter ließ ihm Zeit, weil ihre Sorge sie nachdenklich gemacht hatte.
»Ich habe jemanden mitgebracht, Mama. Das ist O. Sie ist das schönste Mädchen der Welt.«

»Ich sehe sie nicht«, sagte die Mutter.

Und Konstantin stellte ihr seine Begleiterin vor:
»Sie ist klein und schmächtig wie ich und sie
redet nicht viel und das auch ziemlich selten.
Und sie ist auch sehr blass und bleich, fast weiß.«
Die Mutter lächelte. »Vielleicht sehe ich sie
deshalb nicht.«

»Vielleicht. Aber du wirst sie schon noch ken-
nenlernen.«

»Ich freu mich drauf. Sie scheint dir zu helfen.«

»Kann man das sehen?«, fragte Konstantin.

»Das höre ich«, sagte die Mutter. »Du redest wie
ein ...«

»Wie ein Wasserfall, nicht wahr, oder wie ein
Regenguss. Jedenfalls fallen mir die Worte ganz
leicht, wenn O in meiner Nähe ist.«

»Woher kommt das?«

»O spricht nicht viel, und ich will ihr die Angst
nehmen. Sprechen ist eine Gabe, die ich weiter-
gebe an O. Ich gebe mich ihr hin im Sprechen.
Und wenn sie singt, bin ich ihr verfallen.«

»Ich sehe deine Freundin nicht. Aber ich sehe, dass sie gut für dich ist. Und wer gut für dich ist, ist in unserem Haus willkommen.«

Und Konstantin dankte seiner Mutter für ihr Willkommen und dass sie auf ihn gewartet hatte. Und er dankte O, dass sie da war in seinen Augen. Und Konstantin dankt Dir, lieber Leser, dass Du ihm so lange zugehört hast. Du hast ihm geholfen, hierher zu kommen. Deine Erwartung hat ihn angezogen und Deine Neugier hat ihn angetrieben. Du warst bei ihm, wenn er sich alleine gefühlt hat auf seiner Reise. Und er hat sich beschützt gefühlt von Deiner Aufmerksamkeit. *Danke*, schrieb Konstantin in sein weißes Buch und »Danke«, las er laut. Er schloss das Buch und überreichte es O und legte es in ihre leeren Hände.

Und weiter wusste er nicht in diesem Moment.

Aber er stotterte nicht, sondern lachte.

Biographien

Martin Heckmanns wurde 1971 in Mönchen-
gladbach geboren, hat Philosophie, Literatur-
wissenschaft und Geschichte studiert und sein
Studium abgeschlossen mit einer Arbeit über den
Witz in der Frühromantik. Seine Theaterstücke
sind in über zehn Ländern zur Aufführung gekommen und mit zahlreichen Preisen ausgezeichnet worden. Er lebt mit seiner Familie in
Berlin.

Stefanie Harjes wurde 1967 in Bremen geboren und studierte vor allem genaues Hingucken und -hören in Hamburg und Prag. Seit zwanzig Jahren arbeitet sie in ihrem Hamburger Atelier »Überm Wind« als Illustratorin und Buchkünstlerin. Sie veranstaltet weltweit Workshops, Seminare und Vorträge für Kinder, Jugendliche und Erwachsene und wurde mit zahlreichen Preisen ausgezeichnet. Genau wie Konstantin heißt sie manchmal ganz anders und genau wie er lebt sie viele Abenteuer in Bildern und Geschichten.